JN439610

팽팽한 이별

국립중앙도서관 출판예정도서목록(CIP)

팽팽한 이별 : 최덕순 시집 / 지은이: 최덕순. -- 대전 : 지혜 : 애지, 2018
p. ; cm. -- (지혜사랑 ; 191)

충청북도, 충북문화재단의 후원으로 발간되었음
ISBN 979-11-5728-302-6 03810 : ₩9000

한국 현대시[韓國現代詩]

811.7-KDC6
895.715-DDC23 CIP2018032061

지혜사랑 191

팽팽한 이별

최덕순

지혜

시인의 말

언제쯤
지느러미 달아
저 창공을 헤엄칠까

2018년 가을
최덕순

차례

2부

3부

4부

• 일러두기

한 연이 첫 번째 행에서 시작될 때는 > 로 표시합니다.

1부

눈 온 아침

문이라도 살짝 열어놓고 가지 그랬어요 터벅터벅 발소리라도 남겨놓고 가지 그랬어요 감나무라도 되게 흔들어놓고 가지 그랬어요 가지에 흥얼흥얼 당신 그 노래라도 걸어놓고 가지 그랬어요

밖이 이상스레 환해요
그날처럼

하늘

뭐할라구 그렇게 하늘만 치다보능겨 공연스레 스산만 허게

죽은 지 서방도 아닌데 어쩌자구 무작정 바다엘 뛰어 들었는지 지금 생각혀두 오싹혀 고등얼 조리다가 바다가 펄펄 뛰길래 쫓아갔더니 글씨 그년이 퍼렇게 자빠져 있능겨 조리던 고등어냄새가 채 가시기두 전이었는데 말여 내가 쬼만 서둘렀어두 한 첨 멕여 보내는 건디 그랬으면 그리 허망케 가진 않았을지두 모르지 내 참

그년 간 뒤론 이 고등얼 아예 치다두 안 봤어 근데두 왠지 처잔 그년처럼 고등얼 억쑤루 좋아할 것 같애서 쬐끔 조리구 있능겨

닮았어 마루 끝에 쪼구리구 앉아 하늘 치다보는 것두 귀 쫑긋 세워 파돌 불러 앉히는 것두 뭔 소린지두 모르게 입 속으루만 쉴 새 없이 웅얼거리는 것두 말여

근데 똑 한 가지 안 닮은 것두 있기는 혀 처자는 저 하늘을 지대로 치다보는구먼 근데 왜 그렇게 하늘만 치다보능겨 밥이 나와 떡이 나와

그려 실컷 봐 망헐 눔의 하늘 난 상 차릴껴 아 간년은 간년이구 산년은 어떻게든 살아야 안컷어

안 그려? 처자

복사꽃 비에 젖고

웅얼웅얼 비를 몰고 와요 엄마가 그 비 입에 물고 있어요 입으로 들어가는 밥보다 흘리는 게 더 많은데 애도 못 난 올케는 달과 별을 불러다 흥얼흥얼 자장가를 불러요

사방천지 꽃길 넋 놓고 보다가 얼핏 맨발로 달려가는 아이 잡으러 들어간 길 마냥 붉더라구요 꽃비가 내리더라구요

맨발로

비

암만 흔들어봐라
열어주나

모질게 갔으면 그만이지
왜 다시 와서 지랄여

꽃 피면 넌가 했던 거
바람 불면 넌가 했던 거
이젠 아녀

그려
왔으면 실컷
울다나 가그라 그만

파도 소리

밥 묵으러 왔으면 밥이나 처묵고 갈거제 어데다 수작질인겨 엠뱅첨뱅허다 뒤로 자빠져두 코가 깨질 눔들 같으니라구

니두 냉큼 밥이나 묵고 가라 야

내 나이 열셋이었제 아부진 맨날 술에 휘청거리제 동상들은 많제 달은 밝제 서울 가믄 꼭 딴 시상이 있을 것 같았제 근디 그게 아니드먼

서울역에 내리기는 혔는디 갈데두 없구 집으룬 죽어두 가기 싫구 그때 눈에 들어온 거이 숙식제공여

서울에서의 첫날 밤 사내 둘이 한꺼번에 날 욕 먹였제 지금두 그때 훤했던 달 그 푸르스름한 체온이 느끼지곤 혀 그날 이후 뭇사내들에게 앵겨 꽃 같은 시절 다 보냈제 젠장

스물다섯인가 늙었다구 다방으루 내몰려 거서 뱃눔을 만났제 첨엔 좋았어 애두 들어서구 말여 근디 뱃눔들이 다 그런지 이 배 저 배 잘두 갈아타더라구 그러니 다른 년헌티 빠진 눔을 어티께 믿구 살겄어 애만 두구 나만 나왔는디 그 애가 가는 디마다 따라 붙어 저 파도소리메냥 말여

시상 별 거 아녀 맥없이 돌아댕기지 말구 어여 집으루 가어여

고등어

남편 죽구 고등얼 팔았어 뭐 달리 할 게 있어야지 자식들은 싫다지만 난 이 비린내가 좋아 달빛에서두 다 비린내가 난다니까

사남매가 다라이에 올라앉아 칭얼대는데 고등언들 온전했겠냐구 이리저리 뒹굴다 밤이면 끙끙 앓는 소리를 내곤 했지 그때 내 나이 갓 서른 댓이었는데 치근대는 남자가 왜 없었겠어 늦은 밤 사립문이 흔들려 나가보면 마루에 쌀푸대가 놓여있곤 했지 남편 친구 김씨였어 그때만 해두 죽은 친구 식솔들 챙기는 줄 알았는데 어느 날 밤 미친개처럼 마구 달겨드는 거여 냅다 다라이를 뒤집어 씌웠지 달두 놀란 눈으로 내려다보더라구

땅에 뒹굴던 고등어를 쓸어 담아 찬물을 끼얹구 끼얹구 하면서 참 많이두 울었어 밤새 비린내가 지 혼자 떠돌아다니더라구 달빛처럼 말이여 가끔 달 밝은 밤엔 그 사람이 떠오르기두 했었지만 달빛만 찰랑거리다 갔지

지금 생각해보면 고맙기두 햐 그날 그 고등어루 새끼들 입히구 공부시키구 시집장가까지 보냈으니 말이여

맛나게 먹어 이게 그 고등어야

바람 그 너머

대문이 흔들려요
쿨럭 대는 대문을 붙잡고 싶어요
기침소리가 굴러다니며
앵두나무를 흔들어요
막 피기 시작한 꽃잎들이 떨어져요
앵두나무는 꽃을 피워대는데
대문은 열리지 않고 기침소리만
소문을 끌고 나와 골목을 굴러다녀요

골목마다 쿨럭쿨럭
꽃만 피우다 꽃만 피우다
열매가 열린 것도 몰랐어요
툭툭 떨어지는 것도 몰랐어요
꽃잎만 보였어요
떨어지던 그
꽃잎만

모감주나무

오랜만에 아들이 왔다
좋아하던 3분 카레를 먹고
맛있다며 3시간을 웃다갔다

엄마, 또 올게요
한 마디 툭 던지곤
새처럼 푸드득 날아가 버렸다
뒤도 안 돌아보고

주말마다 집을 비우는 남편
익숙해져야 한다고 했다
익숙해진다는 거
먼 파도소리처럼 철썩이다
이내 잠잠해지고

익숙한 척 나는
한가해진 햇살 끌어안고 뒹굴 거리다
텔레비전 채널을 이리저리 돌려보다가
까무룩 잠이 들었다 깼다 하다가

어슬렁어슬렁 슬리퍼를 끌고
모감주나무 그늘에 가 선다

모감주나무로 서서
눈길로 멀리 하늘을 달린다

폭설

영식이 묻던 날 창석이 눔이 그러드라 이 눔은 생전에 밥 잘 사서 저승가두 굶진 않을거라구 내두 니들헌티 밥 한 번 사야지사야지 허다가 그게 오늘이 됐구나 식구덜 입 챙기기 바빠서 그렸으니 이해들 허구 맛나게들 묵으라 허긴 밥값 들구 와 묵는 건데 생색내서 미안허다 밥값허구 남는 건 베옷 한 벌 해 입으마

정태야 술 그만 처묵구 저그 좀 보그라 푸짐하지 않냐 내 산에 든다구 퍼얼 펄 잘두 내린다 쪼오기 먼저 자리 잡은 분덜 고봉으로 들구 계시니 따로 인사 안해두 괘안컷제 참 신나게 퍼붓는다 퍼얼 펄 아주 신이 났구나

잘들 가그라 서울 가는 눔덜 눈길 조심허구

여름 단편

엄마가 텔레비전을 보고 있다 파리가 얼굴에 달라붙어 날름거려도 꿈쩍 않는다 제사상에 올린 메같다 평소 같으면 여러 번 터질 욕도 저만큼 침묵으로 나앉아 있고 느닷없던 손매질도 지금은 출타중이다 가만가만 달빛으로 젖는 등이 흔들리곤 한다

흔들리는 등 너머 107세 할머니 천진스럽게 웃는다 리포터가 할머니에게 가족사진을 들이대며 '이 중에 누가 제일 보고싶으냐'고 묻는다 할머니는 퉁명스럽게 '보고 싶으면 데려다줄 거냐'며 50년 전에 죽은 영감이라고 한다 '영감님 만나면 무슨 얘기를 하고 싶으냐'고 묻자 느닷없이 '나 없이 어떻게 살았어'하고 소릴 지른다 순간 엄마는 '저만 건 왜 틀어놨냐'며 방문을 쾅 닫고 들어가 버린다

엄마의 등을 잃은 달빛이 토담 밑 백일홍꽃 주변을 어슬렁거린다

종점다방

테이블에 로또 한 장을 꺼내놓고 앉은 남자가 그 로또가 되기나 한 듯 다방 아가씨에게 사고 싶은 거 다 사라며 공수표를 남발하고 있다 그 계집은 빌딩도 사고 전원주택도 사고 명품 가방이며 옷이며 신발까지 다 사고는 세계일주 비행기를 타더니 옆자리에 다른 남자를 앉히기라도 한 걸까 공수표 남자 손을 훅 후려친다 좀 전까지만 해도 함박꽃처럼 함박함박 웃으며 있는 것 없는 것 다 줄 것 같더니 빈 커피 잔을 들고 쌩하니 일어난다 공수표, 아니 속이 텅 빈 남자는 머쓱한 표정으로 일어나 가버리고 창밖엔 비가 오고 다음 버스는 언제 올까 젖은 함박꽃이 생각하고

나는 불알 두 쪽뿐인 남자를 사랑한 어느 늙은 여자를 생각하고

갱년기

자꾸자꾸 피기만 하는 열꽃
집 안 곳곳을 치받고 다닌다
살림살이들은 여기저기 멍이 들고
깨져도 아프다고 말도 못한다
화초들은 물관이 막혀 메말라가고
아침 밥상에 앉은 남자는
여기저기 치받고 다니는 열꽃도
꽃이라고 멀뚱히 올려다본다
밥을 먹는 둥 마는 둥 숟가락을 놓은 남자가
나가면서 한 마디 한다
갱년긴가봐
나도

오후 3시

난 집이 없어 오늘은 여기 내일은 저기 내 마음대로 드나들며 살아 먹는 것도 있으면 먹고 없으면 그냥 굶어

오늘은 십대 여자고양이가 껌을 질겅질겅 씹으며 여관으로 들어가는 것을 봤어 나도 모르게 쫓아가다가 오십 대 남자고양이 발에 채일 뻔 했어 해바라기도 까치발을 들고 여관 안쪽을 들여다보는 오후, 잠이 몰려왔지만 난 눈을 동그랗게 뜨고 여관 앞을 어슬렁거렸어

젖은 머리를 쓸어 넘기며 십대 여자고양이가 나왔어 만 원짜리 서너 장을 쥐고 말이야 해바라기 밑에 침을 퉤 뱉고 골목을 빠져나가는데 그 뒤로 허리춤을 추켜세우며 오십 대 남자고양이도 나왔어 내가 으르렁거리자 잠시 꼬나보더니 까만 자동차를 몰고 가버렸어 자동차 소리로 움츠러들었던 골목이 어깨를 펴자 고양이들이 몰려와 오늘 본 고양이 한 쌍이 우리보다 더 천한 고양이라고 한참을 야옹거렸어 오후 햇살이 방을 빼 듯 골목을 빠져나가는데 말이야

산

지 애비 죽자 다른 놈들은 다 살길 찾아 떠났는디 저 놈은 알다가두 모를 놈이여 그려두 저 놈이 있어 밥두 허구 불두 때구 세수두 허구 가끔 장에두 가구 그랴

즈 형 누이처럼 도회지루 나가 허구잡은 거 허구 살았으면 좋겄는디 아무리 말을 혀두 들어먹질 않어 지 애비 유언대루 살구 있다는디 컴컴한 그 양반 속은 죽을 때꺼정 모르구 살았으니 그 유언두 컴컴하기만 허구 망헐놈의 영감탱이 죽어서두 요래라 저래라 내 속을 홀라당 뒤집구 있지 뭐여 휴 저 놈의 산은 왜 앞 뒤루 꽉 막구만 섰는지 답답혀 죽것어

야 야 뭐 한다냐 오늘이 니 애비 제삿날이잖어 언능 시장에 댕겨와야지 안 그랬다간 그 양반 산소에서 벌떡 일어난단 말여 그 놈의 승질머리 죽었다구? 아녀 아녀

배롱나무 찻집

보험 하는 친구랑
미장원 하는 친구랑
찻집엘 갔다

보험 친구는
보험 얘기만 했고
미장원 친구는
머리 얘기만 했다

자동차 한 대에 얼마
파마 한 번에 얼마
계산기를 두드리는
친구들 얘기는
창밖 배롱나무가 듣고

밥만 하는 나는
저녁에 살 콩나물 두부보다
더 비싼 커피 값 계산만 했다

창밖 배롱나무는
꽃을 얼마에 팔았을까

2부

뱀딸기

산을 외돌아 앉은 밭둑길 스윽 하고 풀잎 스치는 소리 들린다 등짝 가득 소름 쫙 찌끄리며 내 앞에 멈추더니 꼿꼿하게 대가릴 쳐들고 꼬나본다 물기서린 독을 쏘아대며 붉은 혀를 날름거리고 있다 이름만으로도 저리 독한데 언제쯤이나 나는 저놈처럼 눈 치켜뜨고 피 터지게 살 수 있을지

머릿속을 다 파 먹히고 나서야 삼십육계 줄행랑이다

수덕여관*

한 기억이
또 한 기억을 잡아끌며 문을 열었다
그래서 생각했다
불 밝히고 있는 집 아니어도
감나무 한 그루 있었으면 했다
그 밑에서 매미처럼 울고 싶었다
쩌렁쩌렁 울다 잠들고 싶었다
실컷 자고 나서 부스스 눈 비비며
부처님께 밥 달라고
떼를 쓰고 싶었다

* 수덕사 안에 있다.

굿모닝

굿모닝
누구에게나 할 수 있는
아무렇게나 할 수 있는
인사를 평생 하지 못했다

어느 생일 날 아침
전화로 보고 싶다던 그 말
언뜻 술 냄새가 느껴졌다
그 다음 날
그는 저 세상길로 들어서고

사는 내내
그림자처럼 따라붙던 그 목소리
길은 늘 흔들렸다

그가 있는 곳은
지도상에도 없는 섬
언제나 배멀미로 출렁거렸다
늘 취해서 부르던 '바다가 육지라면'
더 긴 멀미였다

어느새 나도

지는 벚꽃처럼 앉아
바다가 육지라면
바다가 육지라면
그날처럼 흥얼거렸다

반야사 호랑이

호랑이가 있다는 걸 알고 가는 거 하고 모르고 가는 거하고 천지차이라며 나무아미타불 관세음보살을 뇌까립니다

절 입구에서 합장을 하고 숙였던 고개를 드는 순간 호랑이가 금방이라도 덮칠 듯 했다며 내 눈을 빤히 쳐다봅니다 내가 배시시 웃자 대웅전 부처님도 똑 그렇게 웃었다며 다시 합장을 합니다 경내를 돌며 이빨 빠진 호랑이야, 발톱 빠진 호랑이야 하면서 배시시 웃습니다

동행한 남자가 절에 도착하기 전까지는 말도 많고 손도 만지작거리더니 나올 때는 영 딴사람처럼 굴더라며 나무아미타불 나무아미타불 그럽니다 근데 저는 그 여자의 나무아미타불이 남의아비불타로 들렸습니다

그 호랑이가 누구냐고 물어보면 그 여자는 분명히 반야사 호랑이라고 할 겁니다 그 여자가 누구냐고요 글쎄요 호랑이 잡아먹고 아닌 척 하는 구미호쯤으로 해두면 어떨까 싶습니다만

* 반야사 : 충북 영동 황간면에 있는 절. 경내에 들어서면 호랑이 형상이 보인다.

구절초

영평사엔 갔다
어느새 구절초는 다 지고
반갑다 손을 흔드는 공양주보살님
흔들리는 손목이 꽃 구절초 같다

국수 한 그릇 하고 가라고
두리상을 내 오는 손이 투박하다
젊은 시절 객지 잠 자다 들어올 때마다
된장찌개 보글보글 끓여 내 오던 꼭 그 손

느닷없이 국수발 같은 눈물이
국수대접 안으로 주르르 흘러내렸다
그런 나를 보살님은 또 못 본 척
뜨거운 육수만 한가득 다시 부었다

돌아오는 길
끝끝내 남아있던 구절초 몇 송이가
내 등 뒤에서 흔들리고 있었다
당신처럼

구정

노름빚에 쫓겨 댕기면서두 뭔 정신에 돼지괴기 둬 근 들구 왔드라 아부지헌티 절이나 허구 가랬더니 허연 낮달처럼 일어서길래 고쟁이 속 다 털어 옆구리에 찔러 줬는디 그길로 거그 또 가는 건 아니것지

지두 사람인디 또 그럴라구유 그나저나 제수씨는 어찌 지낸대유 아무리 연락 끊구 산다혀두 새끼들 있는디 오늘은 오것지유

그 아 나가 못 오게 혔다 새끼들 생각혀믄 그러구 나갔것냐 쓰잘때기 없는 야그는 그만 허구 눈이 올랑가 부다 뼈마디가 쿡쿡 쑤시는 걸 보니께 펑펑 쏟아졌으면 좋것다 아니다 아녀 니 올라가는 길 맥히믄 안 되자녀

개기일식

달의 속눈썹이 길다
하릴없이 맞이할 내일은 멀리 있고
의식불명인 그녀는
정전직전의 필라멘트처럼
긴 속눈썹을 깜빡이고 있다

병실 안 온도는 제로
그녀의 호흡이 달의 궤도에 닿았다
말간 눈물 주르륵
먹물처럼 번지고
달의 눈꺼풀이 닫혔다

쉿!

다른 남자랑 잠을 자다 깼다
꿈이다
옆에서 자던 남편이
도둑 잡아라 소리치더니
쿵 하고 쓰러져 다시 코를 곤다
참 기막힌 타이밍이다
도둑은 도둑이다
꿈이지만 도둑이 들긴 들은 거다
새벽 3시 나는
바람 난 여자가 됐다

건너편 아파트 몇 개의 창이 밝다
저들도 나처럼
꿈자리를 박차고 일어났을까

아침 먹는 남편한테
어젯밤 꿈 꿨느냐고 물었다
도둑이 들었는데 놓쳤단다
근데 그놈 뒤통수를 어디서
많이 본 것 같다며 씨익 웃는다

훅

손보다 입이 먼저 나갔다
몰상식한 우레도 흘러나왔고
거센 바람도 흘러나왔다

내 입에서 뱉어진 말들
없는 굴뚝으로 연기를 피어올리고
그 연기는 꼬리를 물고 날아다녔다
연기가 연기를 피어올리고
꼬리가 꼬리를 물고

불온한 언어들마저
자기들은 잘못이 없다는 듯
꼬리에 꼬리를 달고

꼬리에 연연하지 말라는
바람의 말 그 말의 뒤통수를
훅, 후려치고 싶었는데

바람의 꼬리가
아홉쯤으로 보이는 저녁
저녁은 어둠에게 몸을 내주고
담장 밑 백작약은 말이 없고
꽃그늘만 일렁일렁

비밀번호

비밀번호를 잊었다
시골 집 현관문에 서서
남편한테 전화를 했다
옛날 전화번호란다
몇 번이더라 그러는 사이
통화는 끊기고

몇 번이더라
감나무 한 번 올려다보고

몇 번이더라
맨드라미 한 번 쳐다보고

몇 번이더라
매번 시골집에 와서
이러고 서 있었던 게

몇 번이더라
오던 가을도 갸우뚱

초승달

물고기 한 마리 뛰어들고
감나무가 기우뚱,
내 기억으로 기울고

들은 것도 같고 본 것도 같은
저 환한 물고기
염천을 옮아매 내장의 물기까지
다 빼내며 울던 여자도 같고
농약 먹고 죽은
그 여자의 아들도 같고

멋모르고 뛰어든
저 물고기
유난히 붉은 지느러미를
흔들고 흔들다
누가 알았겠느냐고
빨리 잊자고 했다

봄 눈

꽃 피면 꽃놀이 가자더니
눈도 꽃이라고
먼저가 기다리고 있었는지
미시령 너머가 환하다

낌새도 없이 벚꽃마냥
생글생글 거렸는데
자살이라니

여기저기 부유하다
탯줄 묻은 고향에
벚꽃도 아니고 눈꽃을 피워놓고
한겨울 허허벌판에 서게 한다

칠흑 같은 하늘에 물음표 같은
별들이 대못을 쾅쾅 쳐대도
청주는 눈 안 내리는데
칠 뒤통수가 없다
머지않아 벚꽃도 필 텐데

내부점검 중

결혼 전이다
점을 치러 갔다
점쟁이는 물 만났으니
물 만난 듯 잘 살 거라고 했다
우물가 도라지꽃이
보랏빛이었다

보라 원피스를 샀다
한 번인가 입었다

보라색 가방을 샀다
두 번인가 들었다

보라색 구두를 샀다
한 번도 안 신었다

어느 날
절 담벼락 밑
도라지꽃을 보았다
그건 흰 빛이었다

달빛소나타

유리상자. 그 속에 달이 여럿이에요. 하나같이 속이 훤히 들여다보여요. 알몸이에요. 바람이 내 손을 잡아요. 눈을 감아요. 자꾸 내 아랫도리를 만져요. 가면을 쓴 늑대들이 하나씩 달을 끌어안고 어디론가 사라져요. 내 아랫도리도 부풀고 있어요. 마지막 남아 있던 달이 나를 불러요. 골목이 신음을 해요. 마구마구 부풀어 오르는 아랫도리. 난 막 도망쳐요. 달이 헐떡이며 날 쫓아와요.

저만큼 골목은 어둠 속을 열고 있어요.

모란 여인숙

불을 켠다
나를 따라온 낯선 길이
가방 속에서 으르렁 거린다
툭 하고 아버지 튀어나올까봐
구석으로 밀어놓는다

아귀가 맞지 않는 문틈으로
늙은 주인여자의 해소기침이
푸슬푸슬 날아들고
곤드라진 취객이 후미진 골목의
귀퉁이를 끈질기게 씹고 있다

텔레비전 하단으로
영하 20도라는 자막이 지나가는데
산달 넘긴 달이 골목에 몸을 풀듯
노랫소리 같기도 울음소리 같기도 한
젊은 남녀의 괴성이 벽을 넘어 온다

스무 살 몸에 수없이
꽃은 피었다 지고
가방 속 길들은
또 다시 으르렁 거리고
무언의 아버지 점점 집요해지고

3부

입하

굴비 몇 마리 까만 비닐봉지에 담는다 비린내도 같이 담긴다 그런 나쁜 년한테 뭘 주겠다느냐는 말에 봉지를 묶던 손으로 종주먹을 날린다

지난 밤 여자는 몇 년 째 안부전화도 없는 큰딸 얘기를 했다 이란성 쌍둥이를 낳았는데 아들은 죽고 살아남은 게 그 년이라 했다

시어머니는 손자 잡아먹은 년이라고 볼 때마다 눈을 흘겼다 밥상머리에서 가끔 올라오는 비린 것만 쳐다봐도 시어머니는 미운 게 미운 짓만 골라한다며 돌아앉길 밥 먹듯 했다 어린 것이 가시를 하나하나 골라내며 그렇게 오지게 먹던 것을

그래도 학비며 용돈이며 다 벌어 다닌 착한 년이라는 말로 봉지를 야무지게 묶고 또 묶었다

인천에서 청주 오는 버스 안에서 몇 번이나 굴비 보따리가 나뒹굴었다 비린내도 같이 굴렀다 아직 멀었느냐고 잠에서 깬 여자가 옆 사람에게 물었다 틀니가 하얗게 빛났다 차창 밖으로 마가목 나뭇잎도 반짝 빛났다

누수

배를 깎는데
분명 배를 깎고 있을 뿐인데
그녀의 등 뒤로 물소리가 들렸다
비도 오지 않았는데
똑똑똑 낙숫물 소리가 났다

오래전 사내가
밥상을 차고 나갔던 그날
김칫국물이 빠지지 않던 이불에서
떨어지던 소리 같기도 하고
흔들리던 그녀의 등 같기도 한
물소리

사내는 그 뒤로도 수십 번
밥상을 차고 나갔다
깨진 그릇처럼 앉아
하늘만 올려다보던 그녀
하늘은 늘 소화불량에 시달렸고
관절통이 심했다

사내를 위해
밥상 차릴 일 없는 그녀가

배를 깎는데
잘려나가는 껍질에서
물이 듣는다
똑똑똑

봄 날

벚꽃이 피면
무심천은 환승역

꽃 다 지면 없어질 역에서
난 잃어버린 내 아이를 찾는다

만져보지 못한 아이의 손 같은 밤을 붙잡고
눈 먼 바람이 벚나무를 빙빙 도는데
나는 먹을 사람도 없는 뻥튀기, 솜사탕을 사고

어디서 많이 본 듯한 아이가
빤히 나를 바라보고
벚나무는 날아가는 꽃잎을 바라보고

아무래도 알 수 없는 아이가
꽃잎 같은 손을 흔들며
까르르까르르
무심천 환승역
벚꽃 열차가 잠시 섰다간다

헛밥

할머니는
어린 나한테 자주 자주
망할 년이라고 했다
너무 자주 들어 밥 같았다
아무리 먹어도 배부르지 않은
헛밥

헛밥은 나를 키웠다
언제쯤 망할까 하면서

망할 년은 망하지 않고
남의 밥이나 축내며 살고 있는데
할머니는 망해서 헛밥도 없다

이제는 밥도 할 수 없는
할머니한테 가끔 아이처럼
헛밥 달라고 조른다
그런 날이면 할머니는
망할 년 같으니라고 툭,
한 마디 던지고 간다

백 중

법주사엘 갔습니다 보리수나무 잎에서 은빛 물고기들이 쏟아집니다 몸을 열어 그 물고기를 받아내는 풍경을 물끄러미 바라보던 바람이 명부전으로 들어갑니다 바람 따라 들어선 그곳엔 손가락만한 위패들이 수 없습니다

세상 사는 일은 아뢰지도 못하고 향을 사르는데 무릎 한 번 굽히지 않을 것 같은 바람이 절을 합니다 저 바람에게도 급하게 떠난 누군가가 있는 것 같습니다

바람도 나도 냉랭하기만 한 마루 바닥에 엎디어 눈이 붉고 코를 훌쩍입니다

도마

칼날을 피하지 못했다
오늘도

스삭 스삭
남몰래 갈아온 칼날을
꺼내들지 못한 밤
젖은 달빛이 흘러내리고
생선의 등뼈 같은
내일은 완강하다

없는 날도 날은 날이라고
수없이 세워 온 날
도마는 오늘도 덧난 상처들이 아픈지
움찔움찔 눈꺼풀 열어젖히며
잠꼬대가 높다

헛꽃

오늘따라 까치가 요란합니다
유난히 밝은 귀로 당신은
마루에 나 앉으며 중얼거립니다
갸가 왔나보다,

둘째 딸을 먼저 보내고 당신은
마당가에 목련 한 그루를 심었습니다
목련이 필 때마다 혼잣말을 합니다
갸가 피었다고,

꽃 한 번 피우지 못하고 간 딸을
그렇게라도 피워내고 싶은 당신
꽃 진 가지를 이리 저리 열어 살피며
갸가 참 고왔지,

제 꽃 진자리 살피고 있는 목련나무에서
까치가 울음을 다 쏟아냈는지
푸른 잎 유독 반짝입니다

물봉숭아

길가 조그만 돌탑에
나도 돌멩이 하나 주워 올리는데
문득 한 아이의
꽃잎 같은 손길 느껴졌다

할머니는
그 아일 문딩이가 데려 갔다고 했다
뒷산에는 문딩이가 사니까
으엉 으엉 온몸으로 산이 울어도
절대 가면 안 된다 했다

꼭꼭 숨어라 머리카락 보일라
나는 그 애랑 숨바꼭질 하듯
돌탑 주위를 돌고 또 돌고
그러다가 문득 그 돌탑 옆에서
왜 이제 왔냐는 듯
꽃잎으로 묻는 물봉숭아를 보았다

그꽃

젊은 시절 딴 살림 차렸던 아버질 원망하고 싶진 않다고 남동생이 말하는데 여동생이 일어나 웃방으로 건너갑니다 불 꺼진 방으로 베개를 밀어 넣고 동생 옆에 눕습니다 한참을 울먹이던 방이 지난날을 얘기합니다 아버지로 집안 낯빛이 어두워지면 얼굴도 모르는 친엄마를 생각하는 바람을 따라 뒷동산에 올라가 한참을 앉아있다 왔다고 동생이 말합니다 벽이 꿈틀거립니다 그런 날이면 장독대 목단이 치마폭을 펼쳐 자장가를 불러주고 달빛이 창으로 몰려들었다고 합니다

목단이 환합니다 된장 푸던 엄마가 그 꽃을 바라보고 있습니다 친엄마가 누군지도 모르면서 꼬박꼬박 엄마라고 불렀던 그 아이 온통 눈부십니다

비 갠 오후

연초록으로 맵씨를 고쳐 입은 담쟁이가 벽돌담 옆구리를 살살 간질이자 떨어진 철쭉 꽃잎이 까르르까르르, 그 옆 살구나무가 그 꽃잎 눈으로 쫓다말고 제 품을 파고든 새끼들에게 젖을 먹이고 있다 꿀꺽꿀꺽 젖 삼키는 소리 참 맑아 지나던 구름도 제 어미 품을 뒤적이고 바람은 저만큼 늙은 여인의 마른 젖을 만지고 있는데 그걸 보고 느티나무도 젖을 내주는지 제 앞섶을 벌름벌름 뒤집고 있다

해후

바람이 작약꽃에 초점을 맞추고 있다 눈 맑은 옥정호는 반사판을 들어 올리고 물 속 구름들이 뛰쳐나와 배경으로 선다 연신 카메라를 눌러대는 바람에게 꽃잎들이 달려들고 후다닥 내 발도 그 뒤를 쫓아가고 있는데 옥정호는 이제라도 와서 다행이라고 했다 오래오래 기다리고 있었다는 듯

아욱국

아욱국이 끓는다 아욱국이라면 자다가도 벌떡 일어나던 사람은 이제 없지만 그래도 오늘은 왠지 어울리는 날이다 일 나갔던 어둠이 성큼성큼 들어서더니 그 사람처럼 우물가에서 발을 씻고 마루에 턱 걸터앉는다

서둘러 아욱국을 큰 대접에 퍼 담아낸다 말없이 한 그릇을 뚝딱 비우던 그는 없고 빈 대접을 달빛만 멀뚱거리고 있다

엄마는 오늘도 당신이 비운 아욱국을 아버지가 드셨다고 한다

봄동

당신이 담아주었던 마지막 김치통을 씻는다 시큼시큼 눈꺼풀 닫았다 여는 고추바람 들어서고 당신 그날처럼 수돗물 빼꾹 울음으로 쏟아지고

씻어 엎어놓은 김치통 아린 몸 말리는 동안 막막한 납빛 하늘엔 구름들 옮겨 딛는 봉당이 높다 당신 없어도 겨울 난 봄동은 혼자 돋고 있는데

낮 달

자야하는데 울타리 탱자나무라도 끌어안고 자야하는데 애써 혼잣말 더듬는 가난처럼 부스럭부스럭 친정 온 딸에게 뭐라도 더 주고 싶은 눈빛 같은 부스럭부스럭

다 알면서도 내색할 수 없는 감나무 위 구름의 가슴앓이가 살갗에 배어나오는

벚꽃

동시다발로 피는 꽃을 보면
말리고 싶다가도

어떤 년처럼
성급히 목숨 줄 놓는
그날 같은 봄밤이고 보면

저 피는 꽃
어두운 하늘과 땅 사이를
헤매는 마음도 있을 터

방금 온 듯 환한
거기
난분분해질
거기
모두의 것이기도 또는
아니기도 해서

4부

이사

아직 방을 뺄 때가 아닌데도 여름은 날마다 전화질입니다 웃통을 벗어던지더니 이제는 배꼽까지 내놓고 설쳐댑니다 이사 갈 집을 구하지도 못했는데 막무가내가 이만저만 아닙니다 실은 나도 힘들어하는 철쭉을 서둘러 피워놓고 눈 맞춤할 새도 없습니다 어디 하소연할 데도 없습니다

꽃봉오리 올리고 숨차하는 철쭉 옆구리에 구름을 대고 앞품 뒤품 한 뼘씩 줄여 하늘에 대고 꿰맵니다 뚝딱 하늘 맨 꼭대기에 쪽방 하나가 생깁니다 짐이랄 것도 없는 가방을 싸놓고 여름에게 쪽지 한 장을 씁니다

—방세 두 달 미불하고 간다 잘 살아라

달 저편

수술을 받으면서도 엄마는
고등어를 팔고 있는지
복도 저만큼 고깃배가 들어서고
비릿한 바람이 분다

고등어를 팔고 들어온 저녁
엄마 뒤를 따라왔던 달의 심장소리가
내 몸 곳곳으로 번져나간다
시장 귀퉁이에 머물던
칼바람도 따라 왔는지
수술실 문에 성에꽃이 핀다

문이 열린다
아직 깨어나지 못한 엄마가
아버지를 부른다
고등어처럼 누워있는
엄마의 손을 잡았던
서늘한 바람의 뒷모습이 보이고
달빛이 내려와 앉는다

새벽녘
달이 엄마를 깨우고 있다
달그락달그락

냉장고

우우우 웅
착륙할 곳을 찾지 못한 우주선처럼 냉장고는
무한의 우주공간을 둥둥 떠돌고 있다
구조신호를 수신하듯
나는 깃발처럼 귀를 세웠다

우우우 웅
안과 밖의 경계에서
살아있는 모든 것들의 숨을 끌어안은 채
헐떡이는, 그러나 외관상으론 너무나 완벽한
내 긴 여정의 도반道伴

어제의 불면을 길게 물고
나는 잠시 창밖을 내다보고 있는데
착륙할 지점을 찾았을까
아주 잠깐 숨 고르길 하다가
다시 또
우우우 웅
궤도를 이탈하는 냉장고

지금은 어느 별의 기슭을
헤매고 있을까
나처럼

팽팽한 이별

갑자기 나는 등이 가렵다
곧 떠날 그녀는 배시시 웃기만 하고

등 긁어줄 남편한테 가서
좋겠다 좋겠다 하는데
응 응, 대답하는 그녀는
환한 국화꽃

언뜻언뜻 꽃잎 진 저꽃
낯설기만 한데
그녀를 태우고 갈 기차는 들어서고

가슴 가득
눈물이 우물처럼 고여 있는
노모를 애써 외면하며
기차에 오르는 그녀

갑자기 새들은 떼 지어 날아가고
배웅 나온 사람들도 그 허공을 등으로
하나 둘 사라진다

기우뚱 기운 하늘이 팽팽히 당겨지는

그녀와 나 사이
천만 송이 국화꽃이
피었다 진다

늦가을

추수 끝낸 햇살이 툇마루에서 꾸벅꾸벅 졸고 있으면 할머니가 삶은 고구마 한 소쿠리 내놓으실 것 같고 구석으로 내몰렸던 옥수수수염도 애험애험 할 것 같고 처마 밑 주렁주렁 매달린 감도 멀뚱멀뚱 내려다볼 것 같고 졸고 있던 마루 밑 늙은 누렁이도 아무렇게나 벗어놓은 신발 한 짝을 물고 느릿느릿 대문을 나설 것 같고

잣눈*

절 마당 가득
살포시 내려 쌓인 당신 말씀을
아는 듯 모르는 듯 어린 행자스님
고개만 갸우뚱
그 모습 지켜보던 큰 스님도
고개만 갸웃 갸웃

여기 저기
간 곳 모르는
새 발자국

* 잣눈 : 한자(30cm) 쌓일 정도로 내린눈.

묵정밭

큰 애는 교수요
둘째는 의사요
교수에 의사에 판사 등
우리 동네에서 자식농사를
제일 잘 지었다는 권씨
그 잘난 자식들 위해
허리 한 번 펴지 못했던
그 밭에 잠들어 있다

추석 날 아침
잘 키웠다는 자식들은
한 명도 보이지 않고
쓸모없는 잡풀들이
넙죽넙죽 절하고 있다

고향집

고향엘 갔다
아무도 없는 집에
나는 손님처럼 서성거리고
꼭 엄마 치맛자락같이 안팎으로
바람만 들랑거렸다
때마침 함박눈도 펑펑 쏟아져 내렸다

부엌 장지문이 열린다
고쿠락 위
맨 먼저 아버지 구두 데워지고
삼촌들 운동화가 데워지고
우리 형제들 운동화가 줄을 서 있다

'구신은 다 뭐 하는겨
저 화상들 안 잡어 가구'
부지깽이 들고 쫓아오던
엄니의 악다구니 들리고

그 강철 같던 엄니가
'아가! 밥 먹어. 밥 먹어.'
하시다 돌아가시고

>

삼우제 지내고 온 날
행랑채 고쿠락에서
쇠죽을 끓이시던 늙은 아부지
자꾸 하늘을 올려다보시고
가물가물 매운 연기도 따라 오르고

어디선가 쇠죽내음
눈처럼 풀풀 날아들고

나는 배가 고프고

아들의 방

바다가 잠잠한 날에도
닻줄은 피잉피잉 울었다

남들 다 잡은 장어 한 마리
잡지 못한 통발선 같은 밤
바다는 막막했던 썰물의 해도를 읽고 있는데
뒤척이며 내일을 매달고 있는 수많은 부표들
도대체 내겐 읽혀지질 않는다

먼 섬 어딘가 동백꽃이 피었다며
바람처럼 뛰쳐나간 아들

먼 섬 동백꽃 꽃, 그러다
밤새 뒤척였을 바다
그 서른의 바다

빈 방에
꽃의 그림자가 깊다

그 여자

사과를 깎는다
빙글빙글
누구는 누구를 낳고
누구는 누구를 낳고
또 누가 누구를 낳다가
사과는 문득
꽃으로 돌아간다

달떴다
들숨날숨 동글동글
이음매 동글리며
꽃은 달앓이 중

열매를 맺기는 했지만
번번이 놓치고 말았던
그 여자
사과를 깎는다

회인懷仁*

삶은 올갱이를 이쑤시개로 잡아당기면 아, 하며 끌려나오는 동네가 있다 멋모르고 따라왔다 오도 가도 못하는 하늘만 걸려있는 자그마한 지붕들이 있다

굴뚝이 연기 물지 않아도 아무 집이나 문 열고 들어가면 보리밥 쓱싹쓱삭 같이 먹자 할 것도 같고 홍시 몇 개도 그 옆에 살포시 졸고 논둑에 한 줄기 바람이라도 기어오르면 깊은 잠자던 어느 시인도 부스스 일어나 산보를 나설 것도 같고 그 뒤를 늦가을 코스모스 하늘하늘 어깨춤으로 따라붙을 것도 같고

*충북 보은군 회인면. 오장환 시인의 고향.

버스정류장

육거리 정류장 의자가
할머니를 앉히고
옆에 할아버지를 앉히고
그 옆에 젊은 아낙을 앉히고

미원 가는 버스를 세워
할아버지를 태워주고
할머니와 아낙 사이에 틈을 만들고
그 틈으로 젊은 남자를 앉히고

용암동 가는 버스를 세워
젊은 아낙과 남자를 태워주고

할머니는 어디 가요
미원 가는 버스는
할아버지가 이미 타고 갔다 말해주고

할머니 손에 들린
까만 비닐봉지를 들여다보고
간고등어 한 손을 보고

건너편 한의원 시계가

몇 바퀴를 돌고 도는 틈으로
미원 가는 버스를 세워
까만 비닐봉지도 함께
할머니를 태워주고

정류장과 정류장 사이
그 사이로
의자는 집을 생각하고
고등어조림을 생각하고

뜨개질

봄날이 와서
봄날이 와서

오래된 기억을 풀었다 감았다
우리집 안방
뜨개질 하는 여자

그녀의 코바늘엔
잊을 수 없는 기억들이
한 올 한 올 걸려들어
물고기처럼 몸을 흔들고

그때마다 바람은 바람대로
나는 나대로 비릿해지고

딸만 여섯 낳은
그녀의 코바늘에 걸리는 것은
남편의 여자
그 여자가 낳은 아들

아들, 아들
그녀의 뜨개질은 계속 이어지고

>

자글자글한 그녀의 눈가
숨겨두었던 눈물자루 터지듯
스미고 스미는 빛
그 빛으로 짠 옷을 입는
내가 있고

얼굴들

노인이 리어카를 끌고 갑니다 느릿느릿 달이 그 뒤를 따라갑니다 길 옆 소주병이 달빛 한 잎 바람 한 잎 물고 있습니다 그 병을 마신 사내의 슬픔이 푸른 병 속을 출렁입니다

그렇게 사내의 일상은 소주병 속을 출렁이고 그 병을 주운 노인의 느릿한 오늘은 시간 속으로 사라집니다

느릿한 걸음으로 떠올린 얼굴들이 다시 달빛 속으로 사라집니다

시래기

시퍼런 무청으로
엄마는 시래기를 만들었다
어깨를 맞대고 엮여진 근심이
겨우내 창을 가렸다

바스락바스락
그것은 길고 긴 부재의 소리
달의 촉수를 더듬는 엄마의 뒤척임으로
시래기는 제 몸의 물기를 빼냈다

느닷없는 아침손님으로
왔다 가시던 아버지
어린 나는 마른 시래기 같은 눈으로 아버지를 보냈고
엄마는 벽장 속 구두를 다시 꺼내놓고
해가 지도록 시래기만을 삶아댔다
헛잡은 바람자락을 오래오래 휘저어 삶았다

데워지지 않는 눈물처럼
견고했던 부재

시래기밥을 먹고 누웠다
바짝 마른 시래기가 들어와

내 옆에 눕는다
부재가 또 다른 부재를
끌고 와 바스락거린다

해설

미적거리와 관계의 시학

임 봄 문학평론가

미적거리와 관계의 시학

임 봄 문학평론가

시의 텍스트는 독자에게 상당부분 자유를 허용하지만 어느 정도는 확정성을 부여하고 있다. 독자가 작품을 읽을 때는 단순히 텍스트가 전하는 의미를 발견하는데서 그치는 것이 아니라 텍스트가 독자에게 행하는 것을 경험하게 되기 때문이다. 시의 의미를 독자에게 보다 깊이 있게 전달하기 위해서는 시의 텍스트와 독자 사이에 미적거리를 확보하는 것이 필요해지는데 최덕순의 시는 이러한 시의 미적거리를 시인의 최소한의 개입, 그리고 타자의 삶의 재현을 통해 형상화하고 있다는 특징이 있다.

최덕순의 이번『팽팽한 이별』에서 가장 눈에 띄는 것은 서사가 주를 이룬다는 점과 그러한 서사가 하나의 시적 아포리아를 형성하고 있다는 점, 그리고 사람과 사람, 자연과 사람, 자연과 자연 등이 서로 관계에 의해 맺어지고 있음을 일정한 서사로 표현하고 있다는 점을 들 수 있다. 타자의 삶을 재현하는데 사용되는 언어, 기호, 이미지는 타자에

대한 상투적이고 정형화된 고정관념을 만들어 내기도 하는데 이러한 정형화의 부당성에 포섭되지 않기 위해 필요한 것이 바로 서사라는 점에서 최덕순의 시는 이를 잘 활용하고 있는 셈이다. 시에는 각기 다른 화자들이 등장해 자신의 이야기를 전달하는데 이러한 이야기들은 삶의 무게만큼 매번 다른 아포리아를 생성해내고 그것은 독자들에게 전달되는 순간 개별적인 경험과 어우러져 각기 다른 이미지로 재생산된다.

최덕순의 시에 등장하는 각기 다른 인물들은 자신의 특별한 또는 비밀스러운 이야기를 직접 화법으로 전달하고 있다. 이때 등장하는 사투리는 독자들의 개별적인 수용을 최소화하면서도 마치 고향에 온 것 같은 푸근함을 전하는 역할을 한다. 제한된 언어로 고도의 예술성을 표현할 수 있는 표준어에 비해 사투리가 갖는 입지는 비교적 좁고, 그렇기 때문에 작품의 예술성을 담보하거나 반드시 써야만 하는 상황에 활용해야만 작품성을 담보할 수 있지만 그럼에도 직접화법을 통해 전달되는 사투리는 구수한 토속성과 더불어 현장성을 살릴 수 있다는 점에서 여전히 유효하다. 그런 맥락에서 시에서 자주 표현되는 사투리는 최덕순의 시의 심미적 깊이를 확보하는 수단이 되고 있다.

최덕순의 시에는 타자의 이야기들이 주를 이룬다. 서사의 주체는 시인과 가까운 인물인 부모나 형제자매이기도 했다가 돌연 여행지에서 만나게 된 낯선 인물이 되기도 한다. 그들은 모두 나름대로의 방식으로 삶을 풀어내는데 그 속에 담긴 내러티브가 때로는 비극으로 때로는 희극으로 독자들에게 전해진다. 이때 시인은 타자의 이야기를 전하는 매개자가 되는 한편 그들의 삶을 통해 자신의 의도를 드러내는 방식을 구현해 낸다. 특히 시에서 타자와 자아가 혼연일체가 되어 타자의 삶의 방식을 표현하는, 즉 타자와 자아가 동일시되어 전해지는 직접화법의 서사는 시적 정형화에서 탈피해 보다 날것의 이미지를 생성해내는 역할을 하고 있다.

타자와의 동화로 전하는 서사

20세기 예술은 창조성이나 자립성의 측면에서 전통적인 미메시스 개념과 결별하는 경향이 있다. 아도르노는 사물화된 세계를 따라가는 모방을 '죽은 것에 대한 미메시스'라고 표현하고 자연과 동화되어 얻어지는 미메시스의 아름다움을 '자연미'라고 부른다. 이는 타자 속에서 자신으로 머물 수 있는 주체의 능력을 뜻하며 주체와 타자의 화해를 뜻한다. 예술작품은 현실에서 질료를 가져오지만 그것들을 재배치하는 과정에서 부분과 전체가 서로 종속되지 않는 세계를 산출해내고 이러한 과정을 거친 결과물은 결국 현실과 사회를 비트는 효과를 만들어낸다. 즉, 참다운 예술은 세계를 얼마나 정확하게 모방하고 있는지가 아니라 얼마나 참다운 미래를 보여주는가에 달려 있으며 그때마다 의미는 새롭게 얻어진다고 보기 때문이다. '동일성의 사유'가 아닌 '동화'로서의 미메시스는 시인의 자아가 동일성으로 정립된 모든 사물들의 내부에 잠재되어 있는 비동일자의 흔적과 결합하면서 갈망으로 드러난다. 타자의 아픈 삶을 재현해 낸 최덕순의 시들은 타자의 삶과 동화되어 타자의 내

부에 잠재되어 드러나지 않은 어떠한 부분들과 결합되면서 새로운 의미를 생산해내고 있다. 그것은 결국 인간이라는 존재가 잊고 있던 부분들을 정면에서 인식하게 하고자 하는 시인의 의도인 것이다.

> 뭐할라구 그렇게 하늘만 치다보능겨 공연스레 스산만 허게
>
> 죽은 지 서방도 아닌데 어쩌자구 무작정 바다엘 뛰어 들었는지 지금 생각혀두 오싹혀 고등얼 조리다가 바다가 펄펄 뛰길래 쫒아갔더니 글씨 그년이 퍼렇게 자빠져 있능겨 조리던 고등어냄새가 채 가시기두 전이었는데 말여 내가 쫌만 서둘렀어두 한 첨 멕여 보내는 건디 그랬으면 그리 허망케 가진 않았을지두 모르지 내 참
>
> 그 년 간 뒤론 이 고등얼 아예 치다두 안 봤어 근데두 왠지 처잔 그년처럼 고등얼 억쑤루 좋아할 것 같애서 쬐끔 조리구 있능겨
>
> 닮았어 마루 끝에 쪼구리구 앉아 하늘 치다보는 것두 귀 쫑긋 세워 파돌 불러 앉히는 것두 뭔 소린지두 모르게 입 속으루만 쉴 새 없이 웅얼거리는 것두 말여
>
> 근데 똑 한 가지 안 닮은 것두 있기는 혀 처자는 저 하늘을 지대로 치다보는구먼 근데 왜 그렇게 하늘만 치다보능겨 밥이 나와 떡이 나와
>
> 그려 실컷 봐 망헐 놈의 하늘 난 상 차릴껴 아 간년은 간년이구 산년은 어떻게든 살아야 안컷어
>
> 안 그려? 처자
>
> —「하늘」 전문

시는 처음부터 대화체로 시작되고 대화체로 끝을 맺는다. 이러한 형식은 마치 그 상황을 직접 듣는 것 같아 독자로 하여금 시적 상황에 몰입하게 만든다. 딸이 죽던 날 고등어를 요리했던 화자는 조금만 일찍 고등어 요리를 끝냈다면 딸이 죽지 않았을지도 모른다는 자책 때문에 그날 이후로 고등어를 요리하지 않는다. 그런 그녀를 바꿔놓은 이는 바로 시 속에서 호명을 통해 등장하고 있는 '처자'이다. 이름이 아닌 '처자'로 불렸다는 점에서 화자와는 그리 가까운 사이는 아닌 것으로 보이지만 중요한 것은 이러한 '처자'가 화자로 하여금 아픔을 딛고 다시 고등어 요리를 하게 만드는 매개 역할을 하고 있다는 점이다. 하늘을 쳐다보는 모양새가 죽은 딸과 비슷하다는 점에서 화자가 보이는 심경의 변화는 시의 말미에서 이르러 삶과 죽음이라는 하나의 아포리아를 생산해 낸다. 시인이 직접 경험했거나 들었던 이야기들을 바탕으로 하고 있는 이런 시들은 이번 『팽팽한 이별』에 자주 등장하고 있다. 시에는 오로지 타자의 이야기가 주를 이루고 시인의 개입은 최소화되며 시를 다 읽고 난 후에는 시적 여운을 독자가 충분히 느낄 수 있도록 하기 위한 여백이 그대로 느껴진다.

밥 묵으러 왔으면 밥이나 처묵고 갈거제 어데다 수작질인겨 엠뱅첸뱅허다 뒤로 자빠져두 코가 깨질 눔들 같으니라구
니두 냉큼 밥이나 묵고 가라 야
내 나이 열셋이었제 아부진 맨날 술에 휘청거리제 동상들은 많제 달은 밝제 서울 가믄 꼭 딴 시상이 있을 것 같았제 근디 그게 아니드먼

서울역에 내리기는 혔는디 갈데두 없구 집으룬 죽어두 가기 싫구 그때 눈에 들어온 거이 숙식제공여

서울에서의 첫날 밤 사내 둘이 한꺼번에 날 욕 먹였제 지금두 그때 훤했던 달 그 푸르스름한 체온이 느끼지곤 혀 그날 이후 뭇사내들에게 앵겨 꽃 같은 시절 다 보냈제 젠장

스물다섯인가 늙었다구 다방으루 내몰려 거서 뱃눔을 만났제 첨엔 좋았어 애두 들어서구 말여 근디 뱃눔들이 다 그런지 이 배 저 배 잘두 갈아타더라구 그러니 다른 년헌티 빠진 눔을 어티께 믿구 살겄어 애만 두구 나만 나왔는디 그 애가 가는 디마다 따라 붙어 저 파도소리메냥 말여

시상 별 거 아녀 맥없이 돌아댕기지 말구 어여 집으루 가 어여

—「파도 소리」 전문

화자는 젊은 시절 화류계에 몸담았던 한 중년여성의 삶을 다루고 있다. 그 여성은 열 셋의 나이에 보다 나은 미래를 꿈꾸며 서울로 상경했다가 뭇 사내들에게 안겨 꽃 같은 시절을 보내고 다방으로 내몰렸던 기억을 갖고 있다. 한창 피었어야 할 스물다섯의 나이에 이미 늙은이 취급을 받아야 했던 여성은 한때 남자를 만나 결혼도 했지만 그 결혼 역시 순탄치 않았고 지금은 밥집을 운영하는 것으로 보인다. 중년 여성이 넋두리처럼 들려주는 삶에는 질곡했던 개인의 역사와 함께 시대적인 상황에서 일방적으로 내몰려야했던 불행했던 여성의 삶의 흔적들이 고스란히 기록되어 있다. 이야기를 전해주는 중년여성과 그녀의 이야기를 듣고 있는 숨은 청자는 여성의 비밀스러운 이야기를 이끌어내는 매개

자가 되고 있다.

일반적으로 비밀을 털어놓는다는 것은 어느 정도 세상과의 화해를 의미한다. 그 화해를 이끌어내는 사람은 시 속에 명확하게 드러나지 않지만 여성의 목소리를 온전히 들려주는 것으로 자신의 역할을 다 한 것으로 생각하는 것처럼 보인다. 그러나 이때 등장하는 청자聽子 역시 "맥없이 돌아댕기"는 것처럼 보이는 여성이며 인생에서 굴곡을 겪은 여성은 오히려 청자의 안위를 걱정하는 위치에 서 있다. 이때 독자는 "시상 별 거 아녀"라는 문장과 "집으루 가"라는 말에서 또 한 번 생각에 잠길 수밖에 없다. 어쩌면 화자는 청자에게서 자신의 옛 모습을 보았을지도 모를 일이다.

일반적인 서사시에는 시인의 목소리가 중심이 되고 타자의 목소리가 중간 중간 삽입되면서 안정적인 분위기가 이어지는 것이 대부분이다. 그러나 최덕순의 시에는 의도적으로 시인의 목소리가 축소되고 등장인물이 직접 자신의 생각을 자신의 언어로 말하는 형식을 띠고 있다. 화자와 심리적인 거리를 두고 접근함으로써 미적 호소로부터 감상자를 분리시키는 이러한 시적 방법은 마치 브라운관을 통해 한 편의 드라마를 보게 될 때처럼 객관적인 시선을 유지하게 하는 효과를 얻는다. 타자의 언어를 빌어 대신 전달할 때 발생하는 화법 상의 문제들을 시인은 사투리를 활용한 기법으로 극복하고 있는데 사투리는 시적 리얼리티를 더욱 극대화하는 역할을 하고 있다.

시인은 시의 밖에서 타자의 체험을 전지적 시점이나 관찰자 시점에서 서술하며 때론 있는 현실과 있어야 할 현실의 차이를 날카롭게 의식하는 풍자나 아이러니의 기법을 사용하기도 한다. 이때 시인은 화자와의 동화를 통해 다양한 페르소나로 드러나게 되는데 시적 화자, 발화내용의 주체, 발화 행위의 주체가 각각 객관적인 거리를 유지하는 사이 독자들은 그 이야기에 자신을 동화시킬 수 있는 공간을 획득할 수 있게 된다.

노름빚에 쫓겨 댕기면서두 뭔 정신에 돼지괴기 둬 근 들구 왔드라 아부지헌티 절이나 허구 가랬더니 허연 낮달처럼 일어서길래 고쟁이 속 다 털어 옆구리에 찔러 줬는디 그 길로 거그 또 가는 건 아니겄지

지두 사람인디 또 그럴라구유 그나저나 제수씨는 어찌 지낸대유 아무리 연락 끊구 산다혀두 새끼들 있는디 오늘은 오것지유

그 아 나가 못 오게 혔다 새끼들 생각혀믄 그러구 나갔것냐 쓰잘때기 없는 야그는 그만 허구 눈이 올랑가 부다 뼈마디가 쿡쿡 쑤시는 걸 보니께 펑펑 쏟아졌으면 좋것다 아니다 아녀 니 올라가는 길 맥히믄 안 되자녀

—「구정」 전문

흩어졌던 가족들이 모두 모이는 명절에는 그동안 소원했던 가족들의 안부를 묻기 마련이다. 그러나 그 안부들이 모두 좋은 것만 있는 것은 아니다. 시에서 화자는 노름빚에 쫓겨 다니는 아들과 자식들을 두고 집을 나간 며느리를 둔 홀로 된 어머니이다. 시에서 어머니는 언제나 자식을 위해 걱

정하는 존재로 그려진다. 명절이라고 돼지고기를 사온 아들이 성급하게 일어서자 비상금을 털어 아들에게 건네주면서도 또 다시 노름판에 가지 않을까 걱정이 끊이지 않는 노모의 마음을 시인은 구구절절 표현하지 않고 그저 노모의 말을 전달하는데 그치지만 이것은 어떤 미사여구보다 더 큰 울림으로 다가온다. 모처럼 찾아온 가족이 집 나간 며느리 얘기까지 물어오자 화제를 눈으로 돌리는 노모는 그런 '쓰잘때기 없는 야그' 대신 펑펑 눈이 쏟아졌으면 좋겠다는 말로 자신의 심경을 에둘러 전하면서도 이내 남은 가족들의 귀경 길을 걱정하는 천생 우리네 어머니의 모습을 절절하게 재현해 낸다.

이 시에서 표현하고자 하는 것은 시인이 생각하는 전형적인 어머니의 모습이라고 볼 수 있다. 시인이 생각하는 어머니는 늘 자식을 위해 희생하고 걱정하는 어머니이다. 욕을 자주 하고 느닷없이 손 매질을 하면서도 먼저 죽은 남편을 그리워하는 어머니이고(「여름 단편」), 고등어만 보면 죽은 남편의 친구로부터 겁탈당할 위기에 처했을 때가 떠오르면서도 그 고등어 덕분에 자식들을 가르칠 수 있었다고 위안하는 어머니(「고등어」)이다. 또한 딸을 여섯이나 낳았지만 아들을 낳지 못해 남편의 여자와 그 여자가 낳은 아들을 떠올리며 아픈 마음을 삭혀가며 뜨개질로 밤을 새우는 어머니(「뜨개질」)이다. 최덕순이 그리는 어머니의 모습에는 전통적인 여성들이 처해야 했던 운명적인 모습이 자주 등장한다. 그것은 개별적인 어머니의 삶이기도 하지만 한편으로는 그 어머니로부터 생명이 이어지고 있는 시인과도 유리遊離될 수 없으며 나아가 우리의 역사 속에서 대부분의 여성들이 공동으로 맞이할 수밖에 없었던 운명이기도 하다.

탈식민주의 이론가 사이드는 텍스트 밖의 현실과 텍스트 안의 현실에는 간격이 있을 수밖에 없지만 권력자들로부터 지배당하거나 순응하며 살아온 여성들의 삶은 주로 서사를 통해 저항의식을 표현하고 삶의 본질을 말할 수 있다고 말한다. 이것이 서사가 갖는 또 하나의 특징인 셈이다. 최덕순의 시에 등장하는 여인의 삶은 이러한 서사를 통해 그들이 말하지 못하는 삶의 질곡한 부분들을 표현하고 있으며 시인은 그들에게 동화되어 그들의 말을 대신 전함으로써 시가 감당해야 하는 역사적 소명을 다하고 있는 셈이다. 때문에 시를 읽고 난 후 그들이 처한 현실이나 그들의 입으로 전해진 이야기들이 쉽게 사라지지 않고 화두가 되어 맴도는 것은 시인의 의도된 아포리아라고 할 수 있다.

상상력 속으로 뛰어든 물고기

이번 시집에서 두드러지는 또 하나는 상상력과 묘사가 뛰어난 시들을 선보이고 있다는 점이다. 시인의 상상력은 죽은 사람의 입을 빌어 말하기도 하고 자연과 동화되어 말을 하기도 한다. 이때의 시인의 능청스러움에서 빚어지는 시적 아이러니는 독자로 하여금 순간적으로 판타지를 경험하게 하거나 짐짓 미소를 머금게 한다.

> 영식이 묻던 날 창석이 늠이 그러드라 이 늠은 생전에 밥 잘 사서 저승가두 굶진 않을거라구 내두 니들헌티 밥 한 번 사야지사야지 허다가 그게 오늘이 됐구나 식구덜 입 챙기

기 바빠서 그렸으니 이해들 허구 맛나게들 묵으라 허긴 밥 값 들구 와 묵는 건데 생색내서 미안허다 밥값허구 남는 건 베옷 한 벌 해 입으마

정태야 술 그만 처묵구 저그 좀 보그라 푸짐하지 않냐 내 산에 든다구 퍼얼 펄 잘두 내린다 쪼오기 먼저 자리 잡은 분덜 고봉으로 들구 계시니 따로 인사 안해두 괘안컷제 참 신나게 퍼붓는다 퍼얼 펄 아주 신이 났구나

잘들 가그라 서울 가는 눔덜 눈길 조심허구

—「폭설」 전문

위의 시는 망자의 입을 빌어 자신의 장례식장을 찾아온 친구들에게 못 다한 말을 전하고 있다. 시의 어디에도 화자가 죽은 사람이라는 것을 직접적으로 언급하지는 않지만 "베 옷 한 벌 해 입으마"라는 대목에서 화자가 죽은 사람이라는 것을 짐작할 수 있다. 특히 "폭설"이라는 제목에서는 산자와 죽은 자의 경계가 모호해지고 있음을 암시한다. 이 시에서 죽은 자가 산자들에게 던지는 직접화법은 독자들에게 또 다른 메시지를 던진다. 시에서 망자는 "니들 헌티 밥 한 번 사야지사야지 허다가 그게 오늘이 됐구나"라고 말한다. 우리가 일상에서 흔히 하게 되는 "밥 한 번 사야지" 하는 말은 망자의 입을 통해 전달되면서 예전과는 다른 무게감을 갖는다. 시인은 이 시에서 삶과 죽음의 경계를 자유자재로 넘나들고 있으며 죽은 이의 직접화법을 통해 시를 읽는 독자들로 하여금 현재의 삶을 잘 살아가는 방법에 대해

한번쯤 생각해볼 수 있는 여지를 남긴다. 이 시에서 시인이 능청스럽게 죽은 자를 소환해 산자들에게 일종의 메시지를 던지는 시를 구현하고 있다면 다음 시에서는 계절을 의인화함으로써 시의 재미를 더한다.

아직 방을 뺄 때가 아닌데도 여름은 날마다 전화질입니다 웃통을 벗어던지더니 이제는 배꼽까지 내놓고 설쳐댑니다 이사 갈 집을 구하지도 못했는데 막무가내가 이만저만 아닙니다 실은 나도 힘들어하는 철쭉을 서둘러 피워놓고 눈 맞춤할 새도 없습니다 어디 하소연할 데도 없습니다

꽃봉오리 올리고 숨차하는 철쭉 옆구리에 구름을 대고 앞품 뒤품 한 뼘씩 줄여 하늘에 대고 꿰맵니다 뚝딱 하늘 맨 꼭대기에 쪽방 하나가 생깁니다 짐이랄 것도 없는 가방을 싸놓고 여름에게 쪽지 한 장을 씁니다

—방세 두 달 미불하고 간다 잘 살아라

—「이사」 전문

시에는 전반적으로 의인법이 사용되고 있다. 자연이라는 방에 세 들어 사는 봄, 그러나 자신이 살고 있는 방에 새로 입주하게 될 여름은 빨리 방을 비우라고 독촉전화를 해댄다. 그러다 "웃통을 벗어던지더니 이제는 배꼽까지 내놓고 설쳐"대며 막무가내라는 대목에서는 어느새 독자들의 웃음이 터지고야 만다. 봄이 힘들게 피워놓은 철쭉, 그 철쭉 꽃봉오리가 올라오기 무섭게 성큼 다가온 여름을 보며 마치 쫓겨서 이사 가는 것 같은 심경을 표현한 이 작품은 "방

세 두 달 미불하고 간다 잘 살아라"라는 마치 약자가 도망치면서 내뱉는 '잘 먹고 잘 살아라' 하는 모습이 연상되는 풍자적 시구에서 절정에 달한다. 서둘러 방을 빼고 나면 기다렸다는 듯이 입주하는 사람들처럼 계절을 사람에 빗대 풍자적으로 잘 묘사하고 있는 이 시에서 시인의 뛰어난 기교를 엿볼 수 있다.

> 연초록으로 맵씨를 고쳐 입은 담쟁이가 벽돌담 옆구리를 살살 간질이자 떨어진 철쭉 꽃잎이 까르르까르르, 그 옆 살구나무가 그 꽃잎 눈으로 좇다말고 제 품을 파고든 새끼들에게 젖을 먹이고 있다 꿀꺽꿀꺽 젖 삼키는 소리 참 맑아 지나던 구름도 제 어미 품을 뒤적이고 바람은 저만큼 늙은 여인의 마른 젖을 만지고 있는데 그걸 보고 느티나무도 젖을 내주는지 제 앞섶을 벌름벌름 뒤집고 있다
>
> —「비 갠 오후」 전문

연쇄적으로 이어지는 이 시의 내용을 그대로 따라간다면 사건의 발단은 담쟁이다. 담쟁이가 벽돌담 옆구리를 간질이자 곧이어 떨어진 철쭉 꽃잎이 웃고, 그 옆에 있는 살구나무는 떨어진 꽃잎을 보다가 제 품으로 파고든 새끼들에게 젖을 먹인다. 젖을 삼키는 맑은 소리에 구름도 어미 품으로 파고들고 바람은 늙은 여인의 마른 젖을 만진다. 그러자 느티나무도 젖을 내주려는지 제 앞섶을 뒤집고 있다. 마치 대자연에 내재된 모성을 보는 것 같다. 그 속에서는 어떤 모난 것들도 모두 둥글어질 수 있고 모든 상처들도 치유될 수 있을 것만 같다.

인간을 비롯한 모든 자연과 사물들은 연계성을 갖고 있으며 저 혼자 존재하는 것은 아무것도 없다. 담벼락에 붙어 있는 담쟁이로부터 비롯된 작은 움직임은 느티나무를 움직이게 하고 새끼를 키우는 어미의 모성으로까지 이어지는 이 황홀한 연계는 최덕순의 시에 오래 머물게 하는 근원적인 힘이다.

물고기 한 마리 뛰어들고
감나무가 기우뚱,
내 기억으로 기울고

들은 것도 같고 본 것도 같은
저 환한 물고기
염천을 옮아매 내장의 물기까지
다 빼내며 울던 여자도 같고
농약 먹고 죽은
그 여자의 아들도 같고

멋모르고 뛰어든
저 물고기
유난히 붉은 지느러미를
흔들고 흔들다
누가 알았겠느냐고
빨리 잊자고 했다

—「초승달」 전문

시인의 상상력은 마치 잔잔한 수면위로 뛰어들며 파문을 일으키는 물고기 같다. 물고기 한 마리가 물속을 헤엄치는 동안 시인은 그 속에서 다양한 관계들을 떠올린다. 살아오는 동안 들은 것이나 본 것들은 시인의 상상력을 통해 재현되는데 거미줄처럼 얽힌 관계 속에서 시인은 삶의 내러티브를 생산해 낸다. "염천을 옭아매 내장의 물기까지/ 다 빼내며 울던 여자"와 "농약 먹고 죽은/ 그 여자의 아들"로 이어지는 시인의 상상력은 기억 속을 헤집고 다닌다. 그것은 마치 결혼 전 점을 치러 갔을 때 보았던 보랏빛 도라지꽃(「내부점검 중」)이나 어린 시절 자신을 "망할년"으로 불렀던 할머니(「헛밥」), 그리고 둘째 딸을 먼저 저 세상으로 보낸 후 마당가에 목련 한 그루를 심고 꽃이 필 때마다 그 딸이 왔나보다 라며 혼잣말을 하는 당신(「헛꽃」)까지 모두 시인의 기억 속에 잠재되어 있는 인물들이며 또한 현재의 시인을 존재하게 하는데 일정부분 역할을 하고 있는 인물들이다. 이런 인물들을 소환해내는 것은 기억 속에만 존재한다고 믿었던 그들의 삶이 현재에까지 지속적으로 영향을 미치고 있음을 말해준다. 현재는 과거를 통해 이해할 수 있으며 과거와 더불어 현재는 살아있는 연속체를 구성하기 때문이다.

시인은 이번 시집 『팽팽한 이별』에서 다양한 타자들의 삶을 그려내고 있다. 그리고 그것들은 결국 우리 어머니들의 삶이며 여성들의 삶인 동시에 현재를 살아가는 우리의 삶과 유리遊離될 수 없는 관계로부터 비롯된다는 것을 보여준다. 시인의 기억 속 모든 존재들과 그들의 삶은 결국 현재를 살아가고 있는 시인의 존재를 구성하는 필요충분조건이다.

우리는 모두 관계 속에서 살아가고 관계 속에서 죽음을 맞는다. 무엇이든 홀로 존재하는 것은 없으며 시인은 이번 시집에서 그러한 명제들을 개인의 삶을 드러내 보여주는 것으로 표현하고 있다. 즉 최덕순의 이번 『팽팽한 이별』은 우리가 잊고 지내는 모든 관계의 재발견이며 관계에 대한 아포리아라고 할 수 있을 것이다.

최덕순

최덕순 시인은 충남 논산에서 출생했고, 2013년『딩아돌하』로 등단했다. 제12회 충북여성문학상을 수상했고, 청주문협, 여백문학회 회원, 새와 나무 동인으로 활동하고 있다.
최덕순 시인은 첫 번째 시집인『팽팽한 이별』에서 다양한 타자들의 삶을 그려내고 있다. 그리고 그것들은 결국 우리 어머니들의 삶이며 여성들의 삶인 동시에 현재를 살아가는 우리의 삶과 유리遊離될 수 없는 관계로부터 비롯된다는 것을 보여준다.

이메일 : lady4122@naver.com

최덕순 시집

팽팽한 이별

발　　행 2018년 10월 15일
지 은 이 최덕순
펴 낸 이 반송림
편집디자인 김지호
펴 낸 곳 도서출판 지혜
계간시전문지 애지
기획위원 반경환 이형권 황정산
주　　소 34624 대전광역시 동구 선화로 203-1, 2층 도서출판 지혜 (삼성동)
전　　화 042-625-1140
팩　　스 042-627-1140
전자우편 ejisarang@hanmail.net
애지카페 cafe.daum.net/ejiliterature

ISBN : 979-11-5728-302-6 03810
값 9,000원

* 이 책은 충청북도, 충북문화재단의 후원으로 발간되었음.